RECEITAS MEDITERRÂNICA 2021

MUITAS RECEITAS DELICIOSAS FÁCEIS DE FAZER PARA SURPREENDER A FAMÍLIA E OS AMIGOS

ANA MELO

Índice

4

Robalo no bolso

Tempo de preparação: 10 minutos

Tempo de cozimento : 25 minutos

Porções: 4

Nível de dificuldade: médio

Ingredientes:

- 4 filetes de robalo
- 4 dentes de alho fatiados
- 1 talo de aipo fatiado
- 1 abobrinha fatiada
- 1 c. tomate cereja dividido pela metade
- 1 chalota, cortada
- 1 colher de chá. orégano seco
- Sal e pimenta

Instruções:

Misture o alho, aipo, abobrinha, tomate, cebola e orégano em uma tigela. Adicione sal e pimenta a gosto. Pegue 4 folhas de papel manteiga e arrume-as na superfície de trabalho. Coloque a mistura de vegetais no centro de cada folha.

Cubra com um filé de peixe e embrulhe bem o papel para que se pareça com um bolso. Coloque o peixe embrulhado em uma assadeira e cozinhe no forno pré-aquecido a 350 F / 176 C por 15 minutos. Sirva o peixe quente e fresco.

Nutrição (para 100g): 149 Calorias 2,8g Gordura 5,2g Carboidratos 25,2g Proteína 696mg Sódio

Massa Cremosa de Salmão Fumado

Tempo de preparação: 5 minutos

Tempo de cozimento : 35 minutos

Porções: 4

Nível de dificuldade: médio

Ingredientes:

- 2 colheres de sopa. azeite
- 2 dentes de alho picados
- 1 chalota picada
- 4 onças ou 113 g de salmão picado, defumado
- 1 c. ervilhas verdes
- 1 c. creme de leite
- Sal e pimenta
- 1 pitada de chili flakes
- 8 onças ou 230 g de massa penne
- 6 c. agua

Instruções:

Coloque a frigideira em fogo médio-alto e adicione o óleo. Adicione o alho e a cebola. Cozinhe por 5 minutos ou até ficar macio. Adicione ervilhas, sal, pimenta e flocos de pimenta. Cozinhe por 10 minutos

Adicione o salmão e continue cozinhando por mais 5-7 minutos. Adicione o creme de leite, reduza o fogo e cozinhe por mais 5 minutos.

Enquanto isso, coloque uma panela com água e sal a seu gosto em fogo alto assim que ferver, adicione o macarrão penne e cozinhe por 8 a 10 minutos ou até ficar macio. Escorra o macarrão, acrescente ao molho de salmão e sirva

Nutrição (para 100g): 393 Calorias 20,8g Gordura 38g Carboidratos 3g Proteína 836mg Sódio

Frango Grego Fogão Lento

Tempo de preparação: 20 minutos

Tempo de cozimento: 3 horas

Porções: 4

Nível de dificuldade: médio

Ingredientes:

- 1 colher de sopa de azeite de oliva extra-virgem
- 2 libras desossadas, peitos de frango
- ½ colher de chá de sal kosher
- ¼ colher de chá de pimenta-do-reino
- 1 frasco (12 onças) de pimentão vermelho assado
- 1 xícara de azeitonas Kalamata
- 1 cebola roxa média, cortada em pedaços
- 3 colheres de sopa de vinagre de vinho tinto
- 1 colher de sopa de alho picado
- 1 colher de chá de mel
- 1 colher de chá de orégano seco
- 1 colher de chá de tomilho seco
- ½ xícara de queijo feta (opcional, para servir)
- Ervas frescas picadas: qualquer mistura de manjericão, salsa ou tomilho (opcional, para servir)

Instruções:

Pincele a panela elétrica com spray de cozinha antiaderente ou azeite de oliva. Cozinhe o azeite em uma frigideira grande. Tempere os dois lados dos peitos de frango. Assim que o óleo estiver quente, adicione os peitos de frango e sele dos dois lados (cerca de 3 minutos).

Depois de cozido, transfira para a panela elétrica. Adicione o pimentão vermelho, as azeitonas e a cebola roxa aos peitos de frango. Tente colocar os vegetais em volta do frango e não diretamente em cima.

Em uma tigela pequena, misture o vinagre, o alho, o mel, o orégano e o tomilho. Depois de combinado, despeje sobre o frango. Cozinhe o frango em fogo baixo por 3 horas ou até que não fique mais rosa no meio. Sirva com queijo feta esfarelado e ervas frescas.

Nutrição (para 100g): 399 Calorias 17g Gordura 12g Carboidratos 50g Proteína 793mg Sódio

Giroscópios de frango

Tempo de preparação: 10 minutos

Tempo de cozimento: 4 horas

Porções: 4

Nível de dificuldade: médio

Ingredientes:

- 2 libras Peitos de frango desossados ou tendas de frango
- Suco de um limão
- 3 dentes de alho
- 2 colheres de chá de vinagre de vinho tinto
- 2-3 colheres de sopa de azeite
- ½ xícara de iogurte grego
- 2 colheres de chá de orégano seco
- 2–4 colheres de chá de tempero grego
- ½ cebola roxa pequena picada
- 2 colheres de sopa de erva daninha
- Molho tzatziki
- 1 xícara de iogurte grego puro
- 1 colher de sopa de erva daninha de endro
- 1 pepino inglês pequeno, picado
- Pitada de sal e pimenta
- 1 colher de chá de cebola em pó
- Para coberturas:

- Tomates
- Pepinos picados
- Cebola roxa picada
- Queijo feta em cubos
- Pão pita esfarelado

Instruções:

Corte os peitos de frango em cubos e coloque na panela elétrica. Coloque o suco de limão, o alho, o vinagre, o azeite, o iogurte grego, o orégano, o tempero grego, a cebola roxa e o endro na panela elétrica e mexa para garantir que tudo esteja bem combinado.

Cozinhe em fogo baixo por 5–6 horas ou em fogo alto por 2–3 horas. Enquanto isso, incorpore todos os ingredientes para o molho tzatziki e mexa. Quando bem misturado, leve à geladeira até que o frango esteja cozido.

Quando o frango terminar de cozinhar, sirva com pão sírio e uma ou todas as coberturas listadas acima.

Nutrição (para 100g): 317 Calorias 7,4g Gordura 36,1g Carboidratos 28,6g Proteína 476mg Sódio

Cassoulet De Frango De Panela Lenta

Tempo de preparação: 10 minutos

Tempo de cozimento : 20 minutos

Porções: 16

Nível de dificuldade: médio

Ingredientes:

- 1 xícara de feijão marinho seco, embebido
- 8 coxas de frango sem pele com osso
- 1 linguiça polonesa, cozida e picada em pedaços pequenos (opcional)
- 1¼ xícara de suco de tomate
- 1 lata (28 onças) de tomates cortados pela metade
- 1 colher de sopa de molho inglês
- 1 colher de chá de carne instantânea ou grânulos de caldo de frango
- ½ colher de chá de manjericão seco
- ½ colher de chá de orégano seco
- ½ colher de chá de páprica
- ½ xícara de aipo picado
- ½ xícara de cenoura picada
- ½ xícara de cebola picada

Instruções:

Pincele a panela elétrica com azeite ou spray de cozinha antiaderente. Em uma tigela, misture o suco de tomate, os tomates, o molho inglês, o caldo de carne, o manjericão, o orégano e o colorau. Certifique-se de que os ingredientes estão bem combinados.

Coloque o frango e a salsicha na panela elétrica e cubra com a mistura de suco de tomate. Cubra com aipo, cenoura e cebola. Cozinhe em fogo baixo por 10–12 horas.

Nutrição (para 100g): 244 calorias 7g gordura 25g carboidratos 21g

Frango de panela lenta provençal

Tempo de preparação: 5 minutos

Tempo de cozimento: 8 horas

Porções: 4

Nível de dificuldade: fácil

Ingredientes:

- 4 (6 onças) metades de peito de frango sem osso com osso
- 2 colheres de chá de manjericão seco
- 1 colher de chá de tomilho seco
- 1/8 colher de chá de sal
- 1/8 colher de chá de pimenta-do-reino moída na hora
- 1 pimenta amarela, cortada em cubos
- 1 pimenta vermelha, cortada em cubos
- 1 lata (15,5 onças) de feijão cannellini
- 1 (14,5 onças) pode petite tomate com manjericão, alho e orégano, não drenado

Instruções:

Pincele a panela elétrica com azeite de oliva antiaderente. Adicione todos os ingredientes à panela elétrica e misture bem. Cozinhe em fogo baixo por 8 horas.

Nutrição (para 100g): 304 Calorias 4,5g Gordura 27,3g Carboidratos 39,4g Proteína 639mg Sódio

Peru Assado de Estilo Grego

Tempo de preparação: 20 minutos

Tempo de cozimento : 7 horas e 30 minutos

Porções: 8

Nível de dificuldade: médio

Ingredientes:

- 1 peito de peru desossado (4 libras), aparado
- ½ xícara de caldo de galinha, dividido
- 2 colheres de sopa de suco de limão fresco
- 2 xícaras de cebola picada
- ½ xícara de azeitonas Kalamata sem caroço
- ½ xícara de tomates secos ao sol embalados em óleo, em fatias finas
- 1 colher de chá de tempero grego
- ½ colher de chá de sal
- ¼ colher de chá de pimenta-do-reino fresca moída
- 3 colheres de sopa de farinha de trigo (ou trigo integral)

Instruções:

Pincele a panela com spray antiaderente ou azeite de oliva.
Adicione o peru, ¼ xícara do caldo de frango, suco de limão,
cebola, azeitonas, tomates secos, tempero grego, sal e pimenta à
panela elétrica.

Cozinhe em fogo baixo por 7 horas. Despeje a farinha no ¼ xícara restante de caldo de galinha e mexa delicadamente na panela elétrica. Cozinhe por mais 30 minutos.

Nutrição (para 100g): 341 Calorias 19g Gordura 12g Carboidratos 36,4g Proteína 639mg Sódio

Frango Alho Com Cuscuz

Tempo de preparação: 25 minutos

Tempo de cozimento: 7 horas

Porções: 4

Nível de dificuldade: médio

Ingredientes:

- 1 frango inteiro, cortado em pedaços
- 1 colher de sopa de azeite de oliva extra-virgem
- 6 dentes de alho, divididos pela metade
- 1 xícara de vinho branco seco
- 1 xícara de cuscuz
- ½ colher de chá de sal
- ½ colher de chá de pimenta
- 1 cebola média, cortada em fatias finas
- 2 colheres de chá de tomilho seco
- 1/3 xícara de farinha de trigo integral

Instruções:

Cozinhe o azeite em uma frigideira pesada. Quando a frigideira estiver quente, adicione o frango para selar. Certifique-se de que os pedaços de frango não se toquem. Cozinhe com a pele voltada para baixo por cerca de 3 minutos ou até dourar.

Pincele sua panela elétrica com spray de cozinha antiaderente ou azeite de oliva. Coloque a cebola, o alho e o tomilho na panela elétrica e polvilhe com sal e pimenta. Acrescente o frango por cima das cebolas.

Em uma tigela separada, bata a farinha no vinho até que não haja grumos e, em seguida, despeje sobre o frango. Cozinhe em fogo baixo por 7 horas ou até terminar. Você pode cozinhar em fogo alto por 3 horas também. Sirva o frango sobre o cuscuz cozido e regue com o molho.

Nutrição (para 100g): 440 Calorias 17,5g Gordura 14g Carboidratos 35,8g Proteína 674mg Sódio

Karahi de frango

Tempo de preparação: 5 minutos

Tempo de cozimento: 5 horas

Porções: 4

Nível de dificuldade: fácil

Ingredientes:

- 2 libras peitos de frango ou coxas
- ¼ xícara de azeite
- 1 lata pequena de pasta de tomate
- 1 colher de sopa de manteiga
- 1 cebola grande, cortada em cubos
- ½ xícara de iogurte grego puro
- ½ xícara de água
- 2 colheres de sopa de gengibre em pasta de alho
- 3 colheres de sopa de folhas de feno-grego
- 1 colher de chá de coentro moído
- 1 tomate médio
- 1 colher de chá de pimenta vermelha
- 2 pimentas verdes
- 1 colher de chá de açafrão
- 1 colher de sopa de garam masala
- 1 colher de chá de cominho em pó
- 1 colher de chá de sal marinho
- ¼ colher de chá de noz-moscada

Instruções:

Pincele a panela elétrica com spray de cozinha antiaderente. Em uma tigela pequena, misture bem todas as especiarias. Misture o frango à panela elétrica, seguido do resto dos ingredientes, inclusive a mistura de temperos. Mexa até que tudo esteja bem misturado com os temperos.

Cozinhe em fogo baixo por 4-5 horas. Sirva com naan ou pão italiano.

Nutrição (para 100g): 345 Calorias 9,9g Gordura 10g Carboidratos 53,7g Proteína 715mg Sódio

Cacciatore de Frango com Orzo

Tempo de preparação: 20 minutos

Tempo de cozimento: 4 horas

Porções: 6

Nível de dificuldade: fácil

Ingredientes:

- 2 quilos de pele com coxas de frango
- 1 colher de sopa de azeite
- 1 xícara de cogumelos, divididos em quatro
- 3 cenouras picadas
- 1 frasco pequeno de azeitonas Kalamata
- 2 latas de tomate picado
- 1 lata pequena de pasta de tomate
- 1 xícara de vinho tinto
- 5 dentes de alho
- 1 xícara de orzo

Instruções:

Em uma frigideira grande, cozinhe o azeite. Quando o óleo estiver aquecido, adicione o frango, com a pele voltada para baixo, e sele. Certifique-se de que os pedaços de frango não se toquem.

Quando o frango estiver dourado, coloque na panela elétrica junto com todos os ingredientes, exceto o orzo. Cozinhe o frango em fogo baixo por 2 horas, depois acrescente o orzo e cozinhe por mais 2 horas. Sirva com pão francês crocante.

Nutrição (para 100g): 424 Calorias 16g Gordura 10g Carboidratos 11g Proteína 845mg Sódio

Daube provençal cozido lentamente

Tempo de preparação: 15 minutos

Tempo de cozimento: 8 horas

Porções: 8

Nível de dificuldade: médio

Ingredientes:

- 1 colher de sopa de azeite
- 10 dentes de alho picados
- 2 libras de carne assada desossada
- 1½ colher de chá de sal, dividido
- ½ colher de chá de pimenta-do-reino moída na hora
- 1 xícara de vinho tinto seco
- 2 xícaras de cenoura picada
- 1 ½ xícara de cebola picada
- ½ xícara de caldo de carne
- 1 lata (14 onças) de tomates em cubos
- 1 colher de sopa de pasta de tomate
- 1 colher de chá de alecrim fresco, picado
- 1 colher de chá de tomilho fresco picado
- ½ colher de chá de raspas de laranja, ralada
- ½ colher de chá de canela em pó
- ¼ colher de chá de cravo moído
- 1 folha de louro

Instruções:

Pré-aqueça uma frigideira e adicione o azeite. Adicione o alho picado e as cebolas e cozinhe até que as cebolas estejam macias e o alho comece a dourar.

Adicione a carne em cubos, sal e pimenta e cozinhe até que a carne esteja dourada. Transfira a carne para a panela elétrica. Misture o caldo de carne na frigideira e deixe ferver por cerca de 3 minutos para retirar o brilho da panela, depois despeje na panela elétrica sobre a carne.

Incorpore o resto dos ingredientes à panela elétrica e mexa bem para incorporar. Ajuste o fogão lento para baixo e cozinhe por 8 horas, ou ajuste para alto e cozinhe por 4 horas. Sirva com macarrão de ovo, arroz ou pão italiano crocante.

Nutrição (para 100g): 547 Calorias 30,5g Gordura 22g Carboidratos 45,2g Proteína 809mg Sódio

Osso Bucco

Tempo de preparação: 30 minutos

Tempo de cozimento: 8 horas

Porções: 3

Nível de dificuldade: médio

Ingredientes:

- 4 pernas de bovino ou vitela
- 1 colher de chá de sal marinho
- ½ colher de chá de pimenta preta moída
- 3 colheres de sopa de farinha de trigo integral
- 1–2 colheres de sopa de azeite
- 2 cebolas médias, cortadas em cubos
- 2 cenouras médias, cortadas em cubos
- 2 talos de aipo, cortados em cubos
- 4 dentes de alho picados
- 1 lata (14 onças) de tomates em cubos
- 2 colheres de chá de folhas secas de tomilho
- ½ xícara de caldo de carne ou vegetais

Instruções:

Tempere as hastes dos dois lados e mergulhe na farinha para revestir. Aqueça uma frigideira grande em fogo alto. Adicione o azeite. Quando o óleo estiver quente, acrescente as hastes e doure uniformemente em ambos os lados. Quando dourar, transfira para a panela elétrica.

Despeje o caldo na frigideira e deixe ferver por 3–5 minutos, mexendo para descascá-la. Transfira o restante dos ingredientes para a panela elétrica e despeje o caldo da frigideira por cima.

Ajuste a panela para baixo e cozinhe por 8 horas. Sirva o Osso Bucco sobre quinua, arroz integral ou até mesmo arroz de couve-flor.

Nutrição (para 100g): 589 Calorias 21,3g Gordura 15g Carboidratos 74,7g Proteína 893mg Sódio

Bife Bourguignon de Fogão Lento

Tempo de preparação: 5 minutos

Tempo de cozimento: 8 horas

Porções: 8

Nível de dificuldade: difícil

Ingredientes:

- 1 colher de sopa de azeite de oliva extra-virgem
- 6 onças de bacon, picado grosseiramente
- 3 libras de peito de carne, sem gordura, cortado em cubos de 5 cm
- 1 cenoura grande, fatiada
- 1 cebola branca grande, cortada em cubos
- 6 dentes de alho picados e divididos
- ½ colher de chá de sal grosso
- ½ colher de chá de pimenta moída na hora
- 2 colheres de sopa de trigo integral
- 12 cebolas pérola pequenas
- 3 xícaras de vinho tinto (Merlot, Pinot Noir ou Chianti)
- 2 xícaras de caldo de carne
- 2 colheres de sopa de pasta de tomate
- 1 cubo de caldo de carne moído
- 1 colher de chá de tomilho fresco, picado
- 2 colheres de sopa de salsa fresca
- 2 folhas de louro

- 2 colheres de sopa de manteiga ou 1 colher de sopa de azeite
- 1 libra de cogumelos brancos ou marrons pequenos, frescos, divididos em quatro

Instruções:

Aqueça uma frigideira em fogo médio-alto e adicione o azeite. Quando o óleo esquentar, cozinhe o bacon até ficar crocante e coloque-o na panela elétrica. Guarde a gordura do bacon na frigideira.

Seque a carne e cozinhe na mesma frigideira com a gordura do bacon até que todos os lados tenham a mesma coloração marrom. Transfira para a panela elétrica.

Misture as cebolas e as cenouras à panela elétrica e tempere com o sal e a pimenta. Mexa para combinar os ingredientes e certifique-se de que tudo está temperado.

Acrescente o vinho tinto à frigideira e cozinhe por 4–5 minutos para desengordurar a frigideira e, em seguida, acrescente a farinha, mexendo até ficar homogêneo. Continue cozinhando até que o líquido reduza e engrosse um pouco.

Quando o líquido engrossar, coloque na panela elétrica e mexa para cobrir tudo com a mistura de vinho. Adicione a pasta de tomate, o cubo de caldo, o tomilho, a salsa, 4 dentes de alho e a folha de louro. Ajuste o fogão lento para alto e cozinhe por 6 horas, ou ajuste para baixo e cozinhe por 8 horas.

Amoleça a manteiga ou aqueça o azeite em uma frigideira em fogo médio. Quando o óleo estiver quente, junte os 2 dentes de alho restantes e cozinhe por cerca de 1 minuto antes de adicionar os cogumelos. Cozinhe os cogumelos até ficarem macios, depois adicione à panela elétrica e misture bem.

Sirva com purê de batata, arroz ou macarrão.

Nutrição (para 100g): 672 Calorias 32g Gordura 15g Carboidratos 56g Proteína 693mg Sódio

Carne Balsâmica

Tempo de preparação: 5 minutos

Tempo de cozimento: 8 horas

Porções: 10

Nível de dificuldade: médio

Ingredientes:

- 2 libras de carne assada desossada
- 1 colher de sopa de azeite
- Esfregar
- 1 colher de chá de alho em pó
- ½ colher de chá de cebola em pó
- 1 colher de chá de sal marinho
- ½ colher de chá de pimenta-do-reino moída na hora
- Molho
- ½ xícara de vinagre balsâmico
- 2 colheres de sopa de mel
- 1 colher de sopa de mostarda de mel
- 1 xícara de caldo de carne
- 1 colher de sopa de tapioca, farinha de trigo integral ou amido de milho (para engrossar o molho quando terminar de cozinhar, se desejar)

Instruções:

Incorpore todos os ingredientes para o esfregar.

Em uma tigela separada, misture o vinagre balsâmico, o mel, a mostarda com mel e o caldo de carne. Cubra o assado com azeite de oliva e passe os temperos da mistura para esfregar. Coloque o assado na panela elétrica e despeje o molho por cima. Ajuste a panela para baixo e cozinhe por 8 horas.

Se quiser engrossar o molho quando o assado estiver pronto, passe-o da panela elétrica para um prato de servir. Em seguida, coloque o líquido em uma panela e aqueça até ferver no fogão. Misture a farinha até ficar homogêneo e deixe ferver até engrossar o molho.

Nutrição (para 100g): 306 Calorias 19g Gordura 13g Carboidratos 25g Proteína 823mg Sódio

Veal Pot Roast

Tempo de preparação: 20 minutos

Tempo de cozimento: 5 horas

Porções: 8

Nível de dificuldade: médio

Ingredientes:

- 2 colheres de sopa de azeite
- Sal e pimenta
- 3 libras de vitela assada desossada, amarrada
- 4 cenouras médias, descascadas
- 2 pastinacas, descascadas e cortadas ao meio
- 2 nabos brancos, descascados e esquartejados
- 10 dentes de alho, descascados
- 2 raminhos de tomilho fresco
- 1 laranja, esfregada e com casca
- 1 xícara de caldo de frango ou vitela

Instruções:

Aqueça uma frigideira grande em fogo médio-alto. Polvilhe a vitela assada com azeite e tempere com sal e pimenta. Quando a frigideira estiver quente, adicione a vitela assada e sele por todos os lados. Isso levará cerca de 3 minutos de cada lado, mas esse processo sela os sucos e torna a carne suculenta.

Quando cozido, leve ao fogo lento. Coloque as cenouras, as pastinacas, os nabos e o alho na frigideira. Mexa e cozinhe por cerca de 5 minutos - não até o fim, apenas para pegar alguns pedaços marrons da vitela e dar-lhes um pouco de cor.

Transfira os legumes para a panela elétrica, colocando-os ao redor da carne. Cubra o assado com o tomilho e as raspas da laranja. Corte a laranja ao meio e esprema o suco por cima da carne. Adicione o caldo de galinha e cozinhe o assado em fogo baixo por 5 horas.

Nutrição (para 100g): 426 Calorias 12,8g Gordura 10g Carboidratos 48,8g Proteína 822mg Sódio

Arroz Mediterrâneo e Salsicha

Tempo de preparação: 15 minutos

Tempo de cozimento: 8 horas

Porções: 6

Nível de dificuldade: médio

Ingredientes:

- 1 ½ libra de salsicha italiana esfarelada
- 1 cebola média, picada
- 2 colheres de sopa de molho de bife
- 2 xícaras de arroz de grão longo, cru
- 1 lata de tomate picado com suco
- ½ xícara de água
- 1 pimenta verde média, cortada em cubos

Instruções:

Pulverize a sua panela elétrica com azeite ou spray de cozinha antiaderente. Adicione a salsicha, a cebola e o molho de bife à panela elétrica. Coloque no mínimo por 8 a 10 horas.

Após 8 horas, acrescente o arroz, o tomate, a água e o pimentão verde. Mexa para combinar bem. Cozinhe por mais 20 a 25 minutos.

Nutrição (para 100g): 650 Calorias 36g Gordura 11g Carboidratos 22g Proteína 633mg Sódio

Almôndegas espanholas

Tempo de preparação: 20 minutos

Tempo de cozimento: 5 horas

Porções: 6

Nível de dificuldade: difícil

Ingredientes:

- Peru moído de meio quilo
- 1 quilo de porco moído
- 2 ovos
- 1 lata de tomate picado
- ¾ xícara de cebola doce, picada, dividida
- ¼ xícara mais 1 colher de sopa de pão ralado
- 3 colheres de sopa de salsa fresca, picada
- 1 ½ colher de chá de cominho
- 1½ colher de chá de páprica (doce ou quente)

Instruções:

Pulverize a panela com azeite.

Em uma tigela, incorpore a carne moída, os ovos, cerca de metade das cebolas, o pão ralado e os temperos.

Lave as mãos e misture até que tudo esteja bem combinado. Não misture demais, pois isso torna as almôndegas duras. Faça almôndegas. O quão grande você os torna obviamente determinará quantas almôndegas no total você conseguirá.

Em uma frigideira, cozinhe 2 colheres de sopa de azeite em fogo médio. Quando estiver bem quente, misture as almôndegas e deixe dourar por todos os lados. Certifique-se de que as bolas não estão se tocando para que fiquem douradas uniformemente. Uma vez feito isso, transfira-os para a panela elétrica.

Adicione o resto da cebola e os tomates à frigideira e deixe cozinhar por alguns minutos, raspando os pedaços marrons das almôndegas para dar sabor. Transfira os tomates sobre as almôndegas na panela elétrica e cozinhe em fogo baixo por 5 horas.

Nutrição (para 100g): 372 Calorias 21,7g Gordura 15g Carboidratos 28,6 Proteína 772mg Sódio

Bifes de couve-flor com molho cítrico de oliva

Tempo de preparação: 15 minutos

Tempo de cozimento : 30 minutos

Porções: 4

Nível de dificuldade: médio

Ingredientes:

- 1 ou 2 cabeças grandes de couve-flor
- 1/3 xícara de azeite de oliva extra-virgem
- ¼ colher de chá de sal kosher
- 1/8 colher de chá de pimenta preta moída
- Suco de 1 laranja
- Raspas de 1 laranja
- ¼ xícara de azeitonas pretas, sem caroço e picado
- 1 colher de sopa de Dijon ou mostarda granulada
- 1 colher de sopa de vinagre de vinho tinto
- ½ colher de chá de coentro moído

Instruções:

Pré-aqueça o forno a 400 ° F. Coloque papel manteiga ou papel alumínio na assadeira. Corte o caule da couve-flor para que fique em pé. Corte-o verticalmente em quatro placas grossas. Coloque a couve-flor na assadeira preparada. Regue com o azeite, o sal e a pimenta-do-reino. Asse por cerca de 30 minutos.

Em uma tigela média, misture o suco de laranja, as raspas de laranja, as azeitonas, a mostarda, o vinagre e os coentros; misture bem. Sirva com o molho.

Nutrição (para 100g): 265 Calorias 21g Gordura 4g Carboidratos 5g Proteína 693mg Sódio

Massa Pistache com Menta Pesto

Tempo de preparação: 10 minutos

Tempo de cozimento : 10 minutos

Porções: 4

Nível de dificuldade: médio

Ingredientes:

- 8 onças de massa de trigo integral
- 1 xícara de hortelã fresca
- ½ xícara de manjericão fresco
- 1/3 xícara de pistache sem sal, com casca
- 1 dente de alho descascado
- ½ colher de chá de sal kosher
- Suco de ½ limão
- 1/3 xícara de azeite de oliva extra-virgem

Instruções:

Cozinhe a massa seguindo as instruções da embalagem. Escorra, reservando ½ xícara da água do macarrão e reserve. Em um processador de alimentos, adicione a hortelã, manjericão, pistache, alho, sal e suco de limão. Processe até que o pistache esteja bem moído. Junte o azeite em um fluxo lento e constante e processe até incorporado.

Em uma tigela grande, incorpore o macarrão com o pesto de pistache. Se desejar uma consistência mais fina e mais picante, adicione um pouco da água reservada para o macarrão e mexa bem.

Nutrição (para 100g): 420 Calorias3g Gordura 2g Carboidratos 11g Proteína 593mg Sódio

Molho de tomate cereja estourado com massa de cabelo de anjo

Tempo de preparação: 10 minutos

Tempo de cozimento : 20 minutos

Porções: 4

Nível de dificuldade: médio

Ingredientes:

- 250g de massa de cabelo de anjo
- 2 colheres de sopa de azeite virgem extra
- 3 dentes de alho picados
- 3 litros de tomate cereja
- ½ colher de chá de sal kosher
- ¼ colher de chá de flocos de pimenta vermelha
- ¾ xícara de manjericão fresco picado
- 1 colher de sopa de vinagre balsâmico branco (opcional)
- ¼ xícara de queijo parmesão ralado (opcional)

Instruções:

Cozinhe a massa seguindo as instruções da embalagem. Escorra e reserve.

Cozinhe o azeite em uma frigideira ou frigideira grande em fogo médio-alto. Junte o alho e refogue por 30 segundos. Junte os tomates, o sal e os flocos de pimenta vermelha e cozinhe, mexendo de vez em quando, até os tomates estourarem, por cerca de 15 minutos.

Retire do fogo e acrescente o macarrão e o manjericão. Misture bem. (Para tomates fora de temporada, adicione o vinagre, se desejar, e misture bem.) Sirva.

Nutrição (para 100g): 305 Calorias 8g Gordura 3g Carboidratos 11g Proteína 559mg Sódio

Tofu Assado com Tomates Secos ao Sol e Alcachofras

Tempo de preparação: 30 minutos

Tempo de cozimento : 30 minutos

Porções: 4

Nível de dificuldade: médio

Ingredientes:

- 1 pacote (16 onças) de tofu extra-firme, cortado em cubos de 1 polegada
- 2 colheres de sopa de azeite de oliva extra-virgem, dividido
- 2 colheres de sopa de suco de limão, dividido
- 1 colher de sopa de molho de soja com baixo teor de sódio
- 1 cebola, cortada em cubos
- ½ colher de chá de sal kosher
- 2 dentes de alho picados
- 1 lata (14 onças) de corações de alcachofra, drenados
- 8 tomate seco ao sol
- ¼ colher de chá de pimenta-do-reino moída na hora
- 1 colher de sopa de vinagre de vinho branco
- Raspas de 1 limão
- ¼ xícara de salsa fresca, picada

Instruções:

Prepare o forno a 400 ° F. Posicione o papel alumínio ou papel manteiga na assadeira. Em uma tigela, misture o tofu, 1 colher de sopa de azeite, 1 colher de sopa de suco de limão e o molho de soja. Reserve e deixe marinar por 15 a 30 minutos. Disponha o tofu em uma única camada na assadeira preparada e leve ao forno por 20 minutos, virando uma vez, até dourar claro.

Cozinhe a 1 colher de sopa de azeite restante em uma frigideira grande ou frigideira em fogo médio. Adicione a cebola e o sal; refogue até ficar translúcido, 5 a 6 minutos. Junte o alho e refogue por 30 segundos. Em seguida, coloque os corações de alcachofra, os tomates secos e a pimenta-do-reino e refogue por 5 minutos. Adicione o vinagre de vinho branco e a 1 colher de sopa de suco de limão restante e remova o glacê da panela, removendo todos os pedacinhos marrons. Retire a panela do fogo e coloque as raspas de limão e a salsinha. Misture delicadamente no tofu assado.

Nutrição (para 100g): 230 Calorias 14g Gordura 5g Carboidratos 14g Proteína 593mg Sódio

Tempeh Mediterrâneo Assado com Tomate e Alho

Tempo de preparação : 25 minutos, mais 4 horas para marinar

Tempo de cozimento : 35 minutos

Porções: 4

Nível de dificuldade: difícil

Ingredientes:

- Para o Tempeh
- 12 onças tempeh
- ¼ xícara de vinho branco
- 2 colheres de sopa de azeite virgem extra
- 2 colheres de sopa de suco de limão
- Raspas de 1 limão
- ¼ colher de chá de sal kosher
- ¼ colher de chá de pimenta-do-reino moída na hora
- Para o molho de tomate e alho
- 1 colher de sopa de azeite de oliva extra-virgem
- 1 cebola, cortada em cubos
- 3 dentes de alho picados
- 1 lata (14,5 onças) de tomates triturados sem sal e sem adição de sal
- 1 tomate para bife, picado
- 1 folha de louro seca

- 1 colher de chá de vinagre de vinho branco
- 1 colher de chá de suco de limão
- 1 colher de chá de orégano seco
- 1 colher de chá de tomilho seco
- ¾ colher de chá de sal kosher
- ¼ xícara de manjericão cortado em tiras

Instruções:

Para fazer o Tempeh

Coloque o tempeh em uma panela média. Encha água suficiente para cobri-lo por 1 a 2 polegadas. Leve para ferver em fogo médio-alto, cubra e abaixe o fogo para ferver. Cozinhe por 10 a 15 minutos. Remova o tempeh, seque, deixe esfriar e corte em cubos de 2,5 cm.

Misture o vinho branco, o azeite, o suco de limão, as raspas de limão, o sal e a pimenta-do-reino. Adicione o tempeh, tampe a tigela, coloque na geladeira por 4 horas ou durante a noite. Pré-aqueça o forno a 375 ° F. Coloque o tempeh marinado e a marinada em uma assadeira e cozinhe por 15 minutos.

Para Fazer o Molho de Tomate e Alho

Cozinhe o azeite em uma frigideira grande em fogo médio. Adicione a cebola e refogue até ficar transparente, de 3 a 5 minutos. Junte o alho e refogue por 30 segundos. Adicione o tomate esmagado, o tomate para bife, a folha de louro, o vinagre, o suco de limão, o orégano, o tomilho e o sal. Misture bem. Cozinhe por 15 minutos.

Adicione o tempeh cozido à mistura de tomate e misture delicadamente. Enfeite com o manjericão.

DICA DE SUBSTITUIÇÃO: Se você estiver sem tempeh ou simplesmente quiser acelerar o processo de cozimento, pode trocar uma lata de 14,5 onças de feijão branco pelo tempeh. Lave o feijão e coloque ao molho com o tomate amassado. Ainda dá uma ótima entrada vegana na metade do tempo!

Nutrição (para 100g): 330 Calorias 20g Gordura 4g Carboidratos 18g Proteína 693mg Sódio

Cogumelos Portobello Assados com Couve e Cebola Vermelha

Tempo de preparação: 30 minutos

Tempo de cozimento : 30 minutos

Porções: 4

Nível de dificuldade: difícil

Ingredientes:

- ¼ xícara de vinagre de vinho branco
- 3 colheres de sopa de azeite de oliva extra-virgem, dividido
- ½ colher de chá de mel
- ¾ colher de chá de sal kosher, dividido
- ¼ colher de chá de pimenta-do-reino moída na hora
- 4 cogumelos portobello grandes, caules removidos
- 1 cebola roxa, juliana
- 2 dentes de alho picados
- 1 cacho de couve (8 onças), com caule e picado pequeno
- ¼ colher de chá de flocos de pimenta vermelha
- ¼ xícara de queijo parmesão ou romano ralado

Instruções:

Coloque papel vegetal ou papel alumínio na assadeira. Em uma tigela média, misture o vinagre, 1 ½ colher de sopa de azeite, mel, ¼ colher de chá de sal e a pimenta-do-reino. Coloque os cogumelos na assadeira e despeje a marinada sobre eles. Deixe marinar por 15 a 30 minutos.

Enquanto isso, pré-aqueça o forno a 400 ° F. Asse os cogumelos por 20 minutos, virando na metade. Aqueça o restante 1½ colher de sopa de azeite em uma frigideira grande ou frigideira refratária em fogo médio-alto. Adicione a cebola e a ½ colher de chá restante de sal e refogue até dourar, 5 a 6 minutos. Junte o alho e refogue por 30 segundos. Misture a couve e os flocos de pimenta vermelha e refogue até que a couve cozinhe, cerca de 5 minutos.

Retire os cogumelos do forno e aumente a temperatura para grelhar. Despeje cuidadosamente o líquido da assadeira na assadeira com a mistura de couve; misture bem. Vire os cogumelos de modo que o lado do caule fique voltado para cima. Coloque um pouco da mistura de couve em cima de cada cogumelo. Polvilhe 1 colher de sopa de queijo parmesão por cima de cada um. Grelhe até dourar.

Nutrição (para 100g): 200 calorias 13g gordura 4g carboidratos 8g proteína

Tofu balsâmico marinado com manjericão e orégano

Tempo de preparação: 40 minutos

Tempo de cozimento : 30 minutos

Porções: 4

Nível de dificuldade: médio

Ingredientes:

- ¼ xícara de azeite de oliva extra-virgem
- ¼ xícara de vinagre balsâmico
- 2 colheres de sopa de molho de soja com baixo teor de sódio
- 3 dentes de alho ralados
- 2 colheres de chá de xarope de bordo puro
- Raspas de 1 limão
- 1 colher de chá de manjericão seco
- 1 colher de chá de orégano seco
- ½ colher de chá de tomilho seco
- ½ colher de chá de sálvia seca
- ¼ colher de chá de sal kosher
- ¼ colher de chá de pimenta-do-reino moída na hora
- ¼ colher de chá de flocos de pimenta vermelha (opcional)
- 1 bloco (16 onças) de tofu extra firme

Instruções:

Em uma tigela ou saco zip-top galão, misture o azeite, vinagre, molho de soja, alho, xarope de bordo, raspas de limão, manjericão, orégano, tomilho, salva, sal, pimenta preta e flocos de pimenta vermelha, se desejar. Adicione o tofu e misture delicadamente. Coloque na geladeira e deixe marinar por 30 minutos ou durante a noite, se desejar.

Prepare o forno a 425 ° F. Coloque papel manteiga ou papel alumínio na assadeira. Disponha o tofu marinado em uma única camada na assadeira preparada. Asse por 20 a 30 minutos, vire na metade, até ficar ligeiramente crocante.

Nutrição (para 100g): 225 Calorias 16g Gordura 2g Carboidratos 13g Proteína 493mg Sódio

Ricota, Manjericão e Abobrinha Recheada com Pistache

Tempo de preparação: 15 minutos

Tempo de cozimento : 25 minutos

Porções: 4

Nível de dificuldade: médio

Ingredientes:

- 2 abobrinhas médias, cortadas ao meio no sentido do comprimento
- 1 colher de sopa de azeite de oliva extra-virgem
- 1 cebola, cortada em cubos
- 1 colher de chá de sal kosher
- 2 dentes de alho picados
- ¾ xícara de queijo ricota
- ¼ xícara de pistache sem sal, descascado e picado
- ¼ xícara de manjericão fresco picado
- 1 ovo grande, batido
- ¼ colher de chá de pimenta-do-reino moída na hora

Instruções:

Prepare o forno a 425 ° F. Coloque papel vegetal ou papel alumínio na assadeira. Retire as sementes / polpa da abobrinha, deixando ¼ de polegada de polpa nas bordas. Coloque a polpa em uma tábua de corte e corte a polpa.

Cozinhe o azeite em uma frigideira em fogo médio. Adicione a cebola, a polpa e o sal e refogue por cerca de 5 minutos. Adicione o alho e refogue por 30 segundos. Misture a ricota, o pistache, o manjericão, o ovo e a pimenta-do-reino. Adicione a mistura de cebola e misture bem.

Coloque as 4 metades de abobrinha na assadeira preparada. Espalhe as metades de abobrinha com a mistura de ricota. Asse até dourar.

Nutrição (para 100g): 200 calorias 12g de gordura 3g de carboidratos 11g de proteína 836mg de sódio

Farro com Tomate Assado e Cogumelos

Tempo de preparação: 20 minutos

Tempo de cozimento: 1 hora

Porções: 4

Nível de dificuldade: difícil

Ingredientes:

- Para os tomates
- 2 litros de tomate cereja
- 1 colher de chá de azeite de oliva extra-virgem
- ¼ colher de chá de sal kosher
- Para o Farro
- 3 a 4 xícaras de água
- ½ xícara de farro
- ¼ colher de chá de sal kosher
- Para os cogumelos
- 2 colheres de sopa de azeite virgem extra
- 1 cebola, juliana
- ½ colher de chá de sal kosher
- ¼ colher de chá de pimenta-do-reino moída na hora
- 300 gramas de cogumelos baby bell, com caule e fatiados finos
- ½ xícara de caldo de vegetais sem adição de sal
- 1 lata (15 onças) de feijão canelini com baixo teor de sódio, escorrido e enxaguado
- 1 xícara de espinafre bebê

- 2 colheres de sopa de manjericão fresco cortado em tiras
- ¼ xícara de pinhões, torrados
- Vinagre balsâmico envelhecido (opcional)

Instruções:

Para fazer os tomates

Pré-aqueça o forno a 400 ° F. Coloque papel manteiga ou papel alumínio na assadeira. Misture os tomates, o azeite e o sal na assadeira e leve ao forno por 30 minutos.

Para fazer o farro

Leve a água, o farro e o sal para ferver em uma panela média ou panela em fogo alto. Deixe ferver e cozinhe por 30 minutos ou até o farro ficar al dente. Escorra e reserve.

Para fazer os cogumelos

Cozinhe o azeite em uma frigideira grande ou frigideira em fogo médio-baixo. Adicione a cebola, o sal e a pimenta-do-reino e refogue até dourar e começar a caramelizar, cerca de 15 minutos. Junte os cogumelos, aumente o fogo para médio e refogue até que o líquido evapore e os cogumelos dourem, cerca de 10 minutos. Acrescente o caldo de legumes e remova o glacê da panela, removendo os pedacinhos marrons, e reduza o líquido por cerca de 5 minutos. Adicione o feijão e aqueça por cerca de 3 minutos.

Retire e misture o espinafre, o manjericão, os pinhões, os tomates assados e o farro. Passe com vinagre balsâmico, se desejar.

Nutrição (para 100g): 375 Calorias 15g Gordura 10g Carboidratos 14g Proteína 769mg Sódio

Orzo assado com berinjela, acelga e mussarela

Tempo de preparação: 20 minutos

Tempo de cozimento : 60 minutos

Porções: 4

Nível de dificuldade: médio

Ingredientes:

- 2 colheres de sopa de azeite virgem extra
- 1 berinjela grande (1 libra), cortada em pequenos cubos
- 2 cenouras, descascadas e cortadas em cubinhos
- 2 talos de aipo, cortados em cubinhos
- 1 cebola, cortada em cubinhos
- ½ colher de chá de sal kosher
- 3 dentes de alho picados
- ¼ colher de chá de pimenta-do-reino moída na hora
- 1 xícara de orzo de trigo integral
- 1 colher de chá de pasta de tomate sem sal
- 1 ½ xícara de caldo de vegetais sem adição de sal
- 1 xícara de acelga suíça, caule e picada pequena
- 2 colheres de sopa de orégano fresco, picado
- Raspas de 1 limão
- 4 onças de queijo mussarela, picado em cubinhos
- ¼ xícara de queijo parmesão ralado
- 2 tomates fatiados com ½ polegada de espessura

Instruções:

Pré-aqueça o forno a 400 ° F. Cozinhe o azeite em uma frigideira grande que possa ir ao forno em fogo médio. Adicione a berinjela, cenoura, aipo, cebola e sal e refogue por cerca de 10 minutos. Adicione o alho e a pimenta-do-reino e refogue por cerca de 30 segundos. Adicione o orzo e a polpa de tomate e refogue por 1 minuto. Misture o caldo de legumes e remova o glacê da panela, raspando os pedacinhos marrons. Adicione a acelga, o orégano e as raspas de limão e mexa até a acelga murchar.

Retire e coloque o queijo mussarela. Alise a parte superior da mistura de orzo. Polvilhe o queijo parmesão por cima. Espalhe os tomates em uma única camada por cima do queijo parmesão. Asse por 45 minutos.

Nutrição (para 100g): 470 Calorias 17g Gordura 7g Carboidratos 18g Proteína 769mg Sódio

Risoto de Cevada com Tomate

Tempo de preparação: 20 minutos

Tempo de cozimento : 45 minutos

Porções: 4

Nível de dificuldade: médio

Ingredientes:

- 2 colheres de sopa de azeite virgem extra
- 2 talos de aipo, cortados em cubos
- ½ xícara de chalotas, cortadas em cubos
- 4 dentes de alho picados
- 3 xícaras de caldo de vegetais sem sal
- 1 lata (14,5 onças) de tomates em cubos sem adição de sal
- 1 lata (14,5 onças) de tomates triturados sem sal e sem adição de sal
- 1 xícara de cevada pérola
- Raspas de 1 limão
- 1 colher de chá de sal kosher
- ½ colher de chá de páprica defumada
- ¼ colher de chá de flocos de pimenta vermelha
- ¼ colher de chá de pimenta-do-reino moída na hora
- 4 raminhos de tomilho
- 1 folha de louro seca
- 2 xícaras de espinafre
- ½ xícara de queijo feta esfarelado

- 1 colher de sopa de orégano fresco, picado
- 1 colher de sopa de sementes de funcho, torradas (opcional)

Instruções:

Cozinhe o azeite em uma panela grande em fogo médio. Adicione o aipo e a chalota e refogue por cerca de 4 a 5 minutos. Adicione o alho e refogue por 30 segundos. Adicione o caldo de legumes, os tomates picados, os tomates triturados, a cevada, as raspas de limão, o sal, a páprica, a pimenta-do-reino em flocos, a pimenta-do-reino, o tomilho e a folha de louro e misture bem. Deixe ferver, depois abaixe para baixo e cozinhe. Cozinhe, mexendo ocasionalmente, por 40 minutos.

Retire a folha de louro e os raminhos de tomilho. Junte o espinafre. Em uma tigela pequena, misture as sementes de queijo feta, orégano e erva-doce. Sirva o risoto de cevada em tigelas com a mistura de queijo feta.

Nutrição (para 100g): 375 Calorias 12g Gordura 13g Carboidratos 11g Proteína 799mg Sódio

Grão de Bico e Couve com Molho Picante de Pomodoro

Tempo de preparação: 10 minutos

Tempo de cozimento : 35 minutos

Porções: 4

Nível de dificuldade: fácil

Ingredientes:

- 2 colheres de sopa de azeite virgem extra
- 4 dentes de alho fatiados
- 1 colher de chá de flocos de pimenta vermelha
- 1 lata (28 onças) de tomates triturados sem sal e sem adição de sal
- 1 colher de chá de sal kosher
- ½ colher de chá de mel
- 1 cacho de couve, com caule e picado
- 2 latas (15 onças) de grão de bico com baixo teor de sódio, escorridas e enxaguadas
- ¼ xícara de manjericão fresco picado
- ¼ xícara de queijo pecorino romano ralado

Instruções:

Cozinhe o azeite em uma frigideira em fogo médio. Junte o alho e os flocos de pimenta vermelha e refogue até que o alho esteja levemente dourado, cerca de 2 minutos. Adicione os tomates, o sal e o mel e misture bem. Reduza o fogo e cozinhe por 20 minutos.

Adicione a couve e misture bem. Cozinhe por cerca de 5 minutos. Adicione o grão de bico e cozinhe por cerca de 5 minutos. Retire do fogo e junte o manjericão. Sirva coberto com queijo pecorino.

Nutrição (para 100g): 420 Calorias 13g Gordura 12g Carboidratos 20g Proteína 882mg Sódio

Feta Assado com Couve e Iogurte de Limão

Tempo de preparação: 15 minutos

Tempo de cozimento : 20 minutos

Porções: 4

Nível de dificuldade: médio

Ingredientes:

- 1 colher de sopa de azeite de oliva extra-virgem
- 1 cebola, juliana
- ¼ colher de chá de sal kosher
- 1 colher de chá de açafrão moído
- ½ colher de chá de cominho moído
- ½ colher de chá de coentro moído
- ¼ colher de chá de pimenta-do-reino moída na hora
- 1 cacho de couve, com caule e picado
- Bloco de 7 onças de queijo feta, cortado em fatias de ¼ de polegada de espessura
- ½ xícara de iogurte grego puro
- 1 colher de sopa de suco de limão

Instruções:

Pré-aqueça o forno a 400 ° F. Frite o azeite em uma frigideira grande ou frigideira refratária em fogo médio. Adicione a cebola e o sal; refogue até dourar levemente, cerca de 5 minutos. Adicione o açafrão, cominho, coentro e pimenta-do-reino; refogue por 30 segundos. Adicione a couve e refogue por cerca de 2 minutos. Adicione ½ xícara de água e continue cozinhando a couve, por cerca de 3 minutos.

Retire do fogo e coloque as fatias de queijo feta por cima da mistura de couve. Coloque no forno e leve ao forno até o queijo feta amolecer, 10 a 12 minutos. Em uma tigela pequena, misture o iogurte e o suco de limão. Sirva a couve e o queijo feta com o iogurte de limão.

Nutrição (para 100g): 210 Calorias 14g Gordura 2g Carboidratos 11g Proteína 836mg Sódio

Berinjela Assada e Grão de Bico com Molho de Tomate

Tempo de preparação: 15 minutos

Tempo de cozimento : 60 minutos

Porções: 4

Nível de dificuldade: difícil

Ingredientes:

- Spray de azeite de oliva
- 1 berinjela grande (cerca de 1 quilo), cortada em rodelas de ¼ de polegada de espessura
- 1 colher de chá de sal kosher, dividido
- 1 colher de sopa de azeite de oliva extra-virgem
- 3 dentes de alho picados
- 1 lata (28 onças) de tomates triturados sem sal e sem adição de sal
- ½ colher de chá de mel
- ¼ colher de chá de pimenta-do-reino moída na hora
- 2 colheres de sopa de manjericão fresco picado
- 1 lata (15 onças) de grão de bico sem sal ou com baixo teor de sódio, drenado e enxaguado
- ¾ xícara de queijo feta esfarelado
- 1 colher de sopa de orégano fresco, picado

Instruções:

Pré-aqueça o forno a 425 ° F. Unte e forre duas assadeiras com papel alumínio e borrife levemente com azeite de oliva. Espalhe a berinjela em uma única camada e polvilhe com ½ colher de chá de sal. Asse por 20 minutos, virando uma vez na metade, até dourar levemente.

Enquanto isso, aqueça o azeite em uma panela grande em fogo médio. Junte o alho e refogue por 30 segundos. Adicione o tomate amassado, o mel, a ½ colher de chá restante de sal e a pimenta-do-reino. Cozinhe por cerca de 20 minutos, até o molho reduzir um pouco e engrossar. Junte o manjericão.

Depois de retirar a berinjela do forno, reduza a temperatura do forno para 375 ° F. Em uma assadeira grande retangular ou oval, coloque o grão de bico e 1 xícara de molho. Coloque as fatias de berinjela por cima, sobrepondo conforme necessário para cobrir o grão de bico. Coloque o molho restante por cima da berinjela. Polvilhe o queijo feta e orégano por cima.

Embrulhe a assadeira com papel alumínio e leve ao forno por 15 minutos. Retire o papel alumínio e asse por mais 15 minutos.

Nutrição (para 100g): 320 Calorias 11g Gordura 12g Carboidratos 14g Proteína 773mg Sódio

Sliders falafel assado

Tempo de preparação: 10 minutos

Tempo de cozimento : 30 minutos

Porções: 6

Nível de dificuldade: médio

Ingredientes:

- Spray de azeite de oliva
- 1 lata (15 onças) de grão de bico com baixo teor de sódio, drenado e enxaguado
- 1 cebola, picada grosseiramente
- 2 dentes de alho, descascados
- 2 colheres de sopa de salsa fresca, picada
- 2 colheres de sopa de farinha de trigo integral
- ½ colher de chá de coentro moído
- ½ colher de chá de cominho moído
- ½ colher de chá de fermento em pó
- ½ colher de chá de sal kosher
- ¼ colher de chá de pimenta-do-reino moída na hora

Instruções:

Pré-aqueça o forno a 350 ° F. Coloque papel manteiga ou papel alumínio e borrife levemente com azeite de oliva na assadeira.

No processador de alimentos, misture o grão-de-bico, a cebola, o alho, a salsa, a farinha, o coentro, o cominho, o fermento, o sal e a pimenta-do-reino. Misture até ficar homogêneo.

Faça 6 hambúrgueres, cada um com ¼ xícara da mistura e arrume-os na assadeira preparada. Asse por 30 minutos. Servir.

Nutrição (para 100g): 90 calorias 1g de gordura 3g de carboidratos 4g de proteína 803mg de sódio

Portobello Caprese

Tempo de preparação: 15 minutos

Tempo de cozimento : 30 minutos

Porções: 2

Nível de dificuldade: difícil

Ingredientes:

- 1 colher de sopa de azeite
- 1 xícara de tomate cereja
- Sal e pimenta-do-reino a gosto
- 4 grandes folhas frescas de manjericão, cortadas em fatias finas, divididas
- 3 dentes de alho médios, picados
- 2 cogumelos portobello grandes, caules removidos
- 4 peças mini bolinhas de mussarela
- 1 colher de sopa de queijo parmesão ralado

Instruções:

Prepare o forno a 180 ° C (350 ° F). Unte uma assadeira com azeite. Regue 1 colher de sopa de azeite em uma frigideira antiaderente e aqueça em fogo médio-alto. Adicione os tomates à frigideira e salpique sal e pimenta-do-reino para temperar. Faça alguns furos nos tomates para o suco durante o cozimento. Tampe e cozinhe os tomates por 10 minutos ou até ficarem macios.

Reserve 2 colheres de chá de manjericão e adicione o manjericão e o alho restantes à frigideira. Esmague os tomates com uma espátula e cozinhe por meio minuto. Mexa constantemente durante o cozimento. Deixou de lado. Arrume os cogumelos na assadeira, com a tampa voltada para baixo e polvilhe com sal e pimenta-do-reino a gosto.

Coloque a mistura de tomate e as bolas de mussarela nas guelras dos cogumelos e espalhe o queijo parmesão para cobrir bem. Asse até que os cogumelos estejam macios e os queijos dourados. Retire os cogumelos recheados do forno e sirva com manjericão por cima.

Nutrição (para 100g): 285 Calorias 21,8g Gordura 2,1g Carboidratos 14,3g Proteína 823mg Sódio

Tomate Recheado com Cogumelo e Queijo

Tempo de preparação: 15 minutos

Tempo de cozimento : 20 minutos

Porções: 4

Nível de dificuldade: médio

Ingredientes:

- 4 tomates grandes maduros
- 1 colher de sopa de azeite
- ½ libra (454 g) de cogumelos brancos ou cremini, fatiados
- 1 colher de sopa de manjericão fresco, picado
- ½ xícara de cebola amarela, cortada em cubos
- 1 colher de sopa de orégano fresco, picado
- 2 dentes de alho picados
- ½ colher de chá de sal
- ¼ colher de chá de pimenta-do-reino moída na hora
- 1 xícara de queijo mussarela parcialmente desnatado, ralado
- 1 colher de sopa de queijo parmesão ralado

Instruções:

Prepare o forno a 375 ° F (190ºC). Corte uma fatia de ½ polegada do topo de cada tomate. Coloque a polpa em uma tigela e deixe cascas de tomate de ½ polegada. Arrume os tomates em uma assadeira forrada com papel alumínio. Aqueça o azeite em uma frigideira antiaderente em fogo médio.

Adicione os cogumelos, o manjericão, a cebola, o orégano, o alho, o sal e a pimenta-do-reino à frigideira e refogue por 5 minutos.

Despeje a mistura na tigela de polpa de tomate, em seguida, adicione o queijo Mozzarella e misture bem. Coloque a mistura em cada casca de tomate e cubra com uma camada de parmesão. Asse no forno pré-aquecido por 15 minutos ou até que o queijo borbulhe e os tomates estejam macios. Retire os tomates recheados do forno e sirva quente.

Nutrição (para 100g): 254 Calorias 14,7g Gordura 5,2g Carboidratos 17,5g Proteína 783mg Sódio

Tabule

Tempo de preparação: 15 minutos

Tempo de cozimento : 5 minutos

Porções: 6

Nível de dificuldade: médio

Ingredientes:

- 4 colheres de sopa de azeite, dividido
- 4 xícaras de couve-flor temperada
- 3 dentes de alho finamente picados
- Sal e pimenta-do-reino a gosto
- ½ pepino grande, descascado, sem sementes e picado
- ½ xícara de salsa italiana, picada
- Suco de 1 limão
- 2 colheres de sopa de cebola roxa picada
- ½ xícara de folhas de hortelã picadas
- ½ xícara de azeitonas Kalamata sem caroço, picadas
- 1 xícara de tomate cereja, dividido em quatro
- 2 xícaras de rúcula bebê ou folhas de espinafre
- 2 abacates médios, descascados, sem caroço e picados

Instruções:

Aqueça 2 colheres de sopa de azeite em uma frigideira antiaderente em fogo médio-alto. Adicione o arroz a couve-flor, o alho, o sal e a pimenta-do-reino à frigideira e refogue por 3 minutos ou até ficar perfumado. Transfira-os para uma tigela grande.

Adicione o pepino, a salsa, o suco de limão, a cebola roxa, a hortelã, as azeitonas e o azeite restante na tigela. Misture bem. Reserve a tigela na geladeira por pelo menos 30 minutos.

Remova a tigela da geladeira. Adicione os tomates cereja, rúcula e abacate à tigela. Tempere bem e misture bem. Sirva gelado.

Nutrição (para 100g): 198 Calorias 17,5g Gordura 6,2g Carboidratos 4,2g Proteína 773mg Sódio

Rabe de brócolis picante e corações de alcachofra

Tempo de preparação: 5 minutos

Tempo de cozimento : 15 minutos

Porções: 4

Nível de dificuldade: médio

Ingredientes:

- 3 colheres de sopa de azeite, dividido
- 2 libras (907 g) de brócolis fresco
- 3 dentes de alho finamente picados
- 1 colher de chá de flocos de pimenta vermelha
- 1 colher de chá de sal e mais a gosto
- 13,5 onças (383 g) de corações de alcachofra
- 1 colher de sopa de água
- 2 colheres de sopa de vinagre de vinho tinto
- Pimenta preta moída na hora, a gosto

Instruções:

Aqueça 2 colheres de sopa de azeite em uma frigideira antiaderente sobre uma frigideira média-alta. Adicione o brócolis, o alho, os flocos de pimenta vermelha e o sal à frigideira e refogue por 5 minutos ou até que o brócolis esteja macio.

Coloque os corações de alcachofra na frigideira e refogue por mais 2 minutos ou até ficarem macios. Adicione água na frigideira e abaixe o fogo. Tampe e cozinhe por 5 minutos. Enquanto isso, misture o vinagre e 1 colher de sopa de azeite em uma tigela.

Regue os brócolis cozidos e as alcachofras com vinagre untado com óleo e polvilhe com sal e pimenta-do-reino. Misture bem antes de servir.

Nutrição (para 100g): 272 Calorias 21,5g Gordura 9,8g Carboidratos 11,2g Proteína 736mg Sódio

Shakshuka

Tempo de preparação: 10 minutos

Tempo de cozimento : 25 minutos

Porções: 4

Nível de dificuldade: difícil

Ingredientes:

- 5 colheres de sopa de azeite, dividido
- 1 pimentão vermelho, finamente cortado
- ½ cebola amarela pequena, finamente cortada
- 14 onças (397 g) de tomates triturados, com sucos
- 6 onças (170 g) de espinafre congelado, descongelado e drenado do excesso de líquido
- 1 colher de chá de páprica defumada
- 2 dentes de alho finamente picados
- 2 colheres de chá de flocos de pimenta vermelha
- 1 colher de sopa de alcaparras, picadas grosseiramente
- 1 colher de sopa de água
- 6 ovos grandes
- ¼ colher de chá de pimenta-do-reino moída na hora
- ¾ xícara de queijo feta ou queijo de cabra, esfarelado
- ¼ xícara de salsa ou coentro fresco picado

Instruções:

Prepare o forno a 300ºF (150ºC). Aqueça 2 colheres de sopa de azeite em uma frigideira própria para forno em fogo médio-alto.

Refogue o pimentão e a cebola na frigideira até que a cebola fique translúcida e o pimentão macio.

Adicione os tomates e sucos, espinafre, páprica, alho, flocos de pimenta vermelha, alcaparras, água e 2 colheres de sopa de azeite de oliva na frigideira. Mexa bem e deixe ferver. Abaixe o fogo, coloque a tampa e cozinhe por 5 minutos.

Rache os ovos sobre o molho, deixe um pequeno espaço entre cada ovo, deixe o ovo intacto e polvilhe com pimenta-do-reino moída na hora. Cozinhe até que os ovos atinjam o ponto certo.

Espalhe o queijo sobre os ovos e o molho e leve ao forno pré-aquecido por 5 minutos ou até que o queijo fique espumoso e dourado. Regue com a 1 colher de sopa de azeite restante e espalhe a salsa por cima antes de servir quente.

Nutrição (para 100g): 335 Calorias 26,5g Gordura 5g Carboidratos 16,8g Proteína 736mg Sódio

Spanakopita

Tempo de preparação: 15 minutos

Tempo de cozimento : 50 minutos

Porções: 6

Nível de dificuldade: difícil

Ingredientes:

- 6 colheres de sopa de azeite, dividido
- 1 cebola amarela pequena, cortada em cubos
- 4 xícaras de espinafre picado congelado
- 4 dentes de alho picados
- ½ colher de chá de sal
- ½ colher de chá de pimenta-do-reino moída na hora
- 4 ovos grandes batidos
- 1 xícara de queijo ricota
- ¾ xícara de queijo feta, esfarelado
- ¼ xícara de pinhões

Instruções:

Unte a assadeira com 2 colheres de sopa de azeite. Organize o forno a 375 graus F. Aqueça 2 colheres de sopa de azeite em uma frigideira antiaderente em fogo médio-alto. Junte a cebola à frigideira e refogue por 6 minutos ou até ficar translúcido e macio.

Adicione o espinafre, o alho, o sal e a pimenta-do-reino à frigideira e refogue por mais 5 minutos. Coloque-os em uma tigela e reserve.

Combine os ovos batidos e a ricota em uma tigela separada e despeje-os na tigela com a mistura de espinafre. Mexa para misturar bem.

Coloque a mistura na assadeira e incline-a para que a mistura cubra o fundo por igual. Asse até que comece a endurecer. Retire a assadeira do forno, espalhe o queijo feta e os pinhões por cima e polvilhe com as 2 colheres de sopa de azeite restantes.

Leve a assadeira de volta ao forno e asse por mais 15 minutos ou até o topo dourar. Retire o prato do forno. Deixe a spanakopita esfriar por alguns minutos e corte para servir.

Nutrição (para 100g): 340 Calorias 27,3g Gordura 10,1g Carboidratos 18,2g Proteína 781mg Sódio

Tagine

Tempo de preparação: 20 minutos

Tempo de cozimento : 60 minutos

Porções: 6

Nível de dificuldade: médio

Ingredientes:

- ½ xícara de azeite
- 6 talos de aipo, cortados em crescentes de ¼ de polegada
- 2 cebolas amarelas médias, cortadas
- 1 colher de chá de cominho moído
- ½ colher de chá de canela em pó
- 1 colher de chá de gengibre em pó
- 6 dentes de alho picados
- ½ colher de chá de páprica
- 1 colher de chá de sal
- ¼ colher de chá de pimenta-do-reino moída na hora
- 2 xícaras de caldo de vegetais com baixo teor de sódio
- 2 abobrinhas médias, cortadas em semicírculos de ½ polegada de espessura
- 2 xícaras de couve-flor, cortada em floretes
- 1 berinjela média, cortada em cubos de 1 polegada
- 1 xícara de azeitonas verdes, cortadas ao meio e sem caroço
- 13,5 onças (383 g) de corações de alcachofra, drenados e divididos em quartos

- ½ xícara de folhas frescas de coentro picadas, para enfeitar
- ½ xícara de iogurte grego puro, para enfeitar
- ½ xícara de salsa de folhas planas fresca picada, para enfeitar

Instruções:

Cozinhe o azeite em uma panela em fogo médio-alto. Adicione o aipo e a cebola à panela e refogue por 6 minutos. Coloque o cominho, a canela, o gengibre, o alho, a páprica, o sal e a pimenta-do-reino na panela e refogue por mais 2 minutos até que esteja aromático.

Despeje o caldo de legumes na panela e leve para ferver. Abaixe o fogo e adicione a abobrinha, a couve-flor e a berinjela ao banco. Tampe e cozinhe por 30 minutos ou até que os vegetais estejam macios. Em seguida, adicione as azeitonas e os corações de alcachofra à piscina e cozinhe por mais 15 minutos. Encha-os em uma tigela grande ou Tagine e sirva com coentro, iogurte grego e salsa por cima.

Nutrição (para 100g): 312 Calorias 21,2g Gordura 9,2g Carboidratos 6,1g Proteína 813mg Sódio

Citrus Pistachios and Asparagus

Tempo de preparação: 10 minutos

Tempo de cozimento : 10 minutos

Porções: 4

Nível de dificuldade: difícil

Ingredientes:

- Raspas e suco de 2 clementinas ou 1 laranja
- Raspas e suco de 1 limão
- 1 colher de sopa de vinagre de vinho tinto
- 3 colheres de sopa de azeite de oliva extra-virgem, dividido
- 1 colher de chá de sal, dividido
- ¼ colher de chá de pimenta-do-reino moída na hora
- ½ xícara de pistache, sem casca
- 1 libra (454 g) de aspargos frescos, aparados
- 1 colher de sopa de água

Instruções:

Combine as raspas e o suco de clementina e limão, vinagre, 2 colheres de sopa de azeite, ½ colher de chá de sal e pimenta-do-reino. Mexa para misturar bem. Deixou de lado.

Torre os pistache em uma frigideira antiaderente em fogo médio-alto por 2 minutos ou até dourar. Transfira o pistache torrado para uma superfície de trabalho limpa e pique grosseiramente. Misture o pistache com a mistura de frutas cítricas. Deixou de lado.

Aqueça o restante do azeite na frigideira antiaderente em fogo médio-alto. Adicione os aspargos à frigideira e refogue por 2 minutos, depois tempere com o sal restante. Adicione a água à frigideira. Abaixe o fogo e coloque a tampa. Cozinhe por 4 minutos até que os aspargos estejam macios.

Retire os aspargos da frigideira para um prato grande. Despeje a mistura de frutas cítricas e pistache sobre os aspargos. Misture bem antes de servir.

Nutrição (para 100g): 211 Calorias 17,5g Gordura 3,8g Carboidratos 5,9g Proteína 901mg Sódio

Berinjela Recheada com Tomate e Salsa

Tempo de preparação: 15 minutos

Tempo de cozimento : 2 horas e 10 minutos

Porções: 6

Nível de dificuldade: médio

Ingredientes:

- ¼ xícara de azeite de oliva extra-virgem
- 3 berinjelas pequenas, cortadas ao meio no sentido do comprimento
- 1 colher de chá de sal marinho
- ½ colher de chá de pimenta-do-reino moída na hora
- 1 cebola amarela grande, finamente picada
- 4 dentes de alho picados
- 15 onças (425 g) de tomates em cubos, com o suco
- ¼ xícara de salsinha fresca, finamente picada

Instruções:

Coloque a inserção da panela elétrica com 2 colheres de sopa de azeite. Faça algumas fendas no lado cortado de cada metade da berinjela, mantenha um espaço de ¼ de polegada entre cada fenda. Coloque as metades da berinjela na panela elétrica, com a pele voltada para baixo. Polvilhe com sal e pimenta-do-reino.

Aqueça o restante do azeite em uma frigideira antiaderente em fogo médio-alto. Adicione a cebola e o alho à frigideira e refogue por 3 minutos ou até que a cebola fique translúcida.

Adicione a salsa e os tomates com o suco à frigideira e polvilhe com sal e pimenta-do-reino. Refogue por mais 5 minutos ou até que estejam macios. Divida e coloque a mistura na frigideira nas metades da berinjela.

Coloque a tampa da panela elétrica e cozinhe em ALTA por 2 horas até que a berinjela amoleça. Transfira a berinjela para um prato e deixe esfriar por alguns minutos antes de servir.

Nutrição (para 100g): 455 Calorias 13g Gordura 14g Carboidratos 14g Proteína 719mg Sódio

Ratatouille

Tempo de preparação: 15 minutos

Tempo de cozimento: 7 horas

Porções: 6

Nível de dificuldade: médio

Ingredientes:

- 3 colheres de sopa de azeite virgem extra
- 1 berinjela grande, com casca, cortada
- 2 cebolas grandes, cortadas
- 4 abobrinhas pequenas, cortadas
- 2 pimentões verdes
- 6 tomates grandes, cortados em fatias de ½ polegada
- 2 colheres de sopa de salsinha fresca, picada
- 1 colher de chá de manjericão seco
- 2 dentes de alho picados
- 2 colheres de chá de sal marinho
- ¼ colher de chá de pimenta-do-reino moída na hora

Direção:

Encha o bocal da panela com 2 colheres de sopa de azeite. Disponha as fatias, tiras e fatias de legumes alternadamente no bocal da panela. Espalhe a salsa por cima dos vegetais e tempere com manjericão, alho, sal e pimenta-do-reino. Regue com o restante azeite. Feche e cozinhe em BAIXO por 7 horas até que os vegetais estejam macios. Transfira os legumes para um prato e sirva quente.

Nutrição (para 100g): 265 Calorias 1,7g Gordura 13,7g Carboidratos 8,3g Proteína 800mg Sódio

Gemista

Tempo de preparação: 15 minutos

Tempo de cozimento: 4 horas

Porções: 4

Nível de dificuldade: médio

Ingredientes:

- 2 colheres de sopa de azeite virgem extra
- 4 pimentões grandes, de qualquer cor
- ½ xícara de cuscuz cru
- 1 colher de chá de orégano
- 1 dente de alho picado
- 1 xícara de queijo feta esfarelado
- 1 (15 onças / 425-g) lata de feijão canelini, enxaguado e escorrido
- Sal e pimenta a gosto
- 1 rodela de limão
- 4 cebolas verdes, partes brancas e verdes separadas, em fatias finas

Direção:

Corte uma fatia de ½ polegada abaixo do caule da parte superior do pimentão. Descarte apenas o caule e pique a parte superior fatiada sob o caule e reserve em uma tigela. Escoe o pimentão com uma colher. Unte a panela com óleo.

Incorpore os ingredientes restantes, exceto as partes verdes da cebolinha e das rodelas de limão, na tigela de topo do pimentão picado. Mexa para misturar bem. Coloque a mistura no pimentão oco e coloque os pimentões recheados na panela de cozimento e regue com mais azeite.

Feche a tampa da panela e cozinhe em ALTA por 4 horas ou até que os pimentões estejam macios.

Retire os pimentões da panela elétrica e sirva em um prato. Polvilhe com as partes verdes da cebolinha e esprema as rodelas de limão antes de servir.

Nutrição (para 100g): 246 Calorias 9g Gordura 6,5g Carboidratos 11,1g Proteína 698mg Sódio

Rolinhos de Repolho Recheado

Tempo de preparação: 15 minutos

Tempo de cozimento: 2 horas

Porções: 4

Nível de dificuldade: difícil

Ingredientes:

- 4 colheres de sopa de azeite, dividido
- 1 repolho verde de cabeça grande, sem núcleo
- 1 cebola amarela grande, picada
- 3 onças (85 g) de queijo feta, esfarelado
- ½ xícara de groselhas secas
- 3 xícaras de cevada cozida
- 2 colheres de sopa de salsinha fresca, picada
- 2 colheres de sopa de pinhões, torrados
- ½ colher de chá de sal marinho
- ½ colher de chá de pimenta preta
- 15 onças (425 g) de tomates triturados, com o suco
- 1 colher de sopa de vinagre de maçã
- ½ xícara de suco de maçã

Instruções:

Retire a inserção da panela elétrica com 2 colheres de sopa de azeite. Escalde o repolho em uma panela com água por 8 minutos. Retire da água, reserve e separe 16 folhas do repolho. Deixou de lado.

Regue o restante do azeite em uma frigideira antiaderente e aqueça em fogo médio. Junte a cebola à frigideira e cozinhe até que a cebola e o pimentão estejam macios. Transfira a cebola para uma tigela.

Adicione o queijo feta, as groselhas, a cevada, a salsa e os pinhões na tigela de cebola cozida e polvilhe com ¼ colher de chá de sal e ¼ colher de chá de pimenta-do-reino.

Disponha as folhas de repolho em uma superfície de trabalho limpa. Coloque 1/3 de xícara da mistura no centro de cada prato, dobre a borda sobre a mistura e enrole. Coloque os rolinhos de repolho na panela elétrica, com o lado da costura voltado para baixo.

Incorpore os ingredientes restantes em uma tigela separada e despeje a mistura sobre os rolos de repolho. Feche a tampa da panela e cozinhe em ALTA por 2 horas. Retire os rolinhos de repolho da panela elétrica e sirva quente.

Nutrição (para 100g): 383 Calorias 14,7g Gordura 12,9g Carboidratos 10,7g Proteína 838mg Sódio

Couves de Bruxelas com Esmalte Balsâmico

Tempo de preparação: 15 minutos

Tempo de cozimento: 2 horas

Porções: 6

Nível de dificuldade: médio

Ingredientes:

- Esmalte Balsâmico:
- 1 xícara de vinagre balsâmico
- ¼ xícara de mel
- 2 colheres de sopa de azeite virgem extra
- 2 libras (907 g) de couve de Bruxelas, aparadas e cortadas ao meio
- 2 xícaras de sopa de vegetais com baixo teor de sódio
- 1 colher de chá de sal marinho
- Pimenta preta moída na hora, a gosto
- ¼ xícara de queijo parmesão ralado
- ¼ xícara de pinhões

Instruções:

Faça o esmalte balsâmico: Combine o vinagre balsâmico e o mel em uma panela. Mexa para misturar bem. Em fogo médio-alto, leve para ferver. Abaixe o fogo e cozinhe por 20 minutos ou até que o esmalte se reduza pela metade e tenha uma consistência espessa. Coloque um pouco de azeite dentro do bocal da panela.

Coloque a couve de Bruxelas, a sopa de legumes e ½ colher de chá de sal na panela elétrica e misture bem. Feche a tampa da panela elétrica e cozinhe em ALTA por 2 horas até que as couves de Bruxelas estejam macias.

Coloque as couves de Bruxelas num prato e polvilhe o restante sal e pimenta-do-reino para temperar. Passe o esmalte balsâmico sobre as couves de Bruxelas e sirva com o parmesão e os pinhões.

Nutrição (para 100g): 270 Calorias 10,6g Gordura 6,9g Carboidratos 8,7g Proteína 693mg Sódio

Salada de Espinafre com Vinagrete de Citrinos

Tempo de preparação: 10 minutos

Tempo de cozimento : 0 minutos

Porções: 4

Nível de dificuldade: fácil

Ingredientes:

- Citrus Vinaigrette:
- ¼ xícara de azeite de oliva extra-virgem
- 3 colheres de sopa de vinagre balsâmico
- ½ colher de chá de raspas de limão fresco
- ½ colher de chá de sal
- Salada:
- 1 libra (454 g) de espinafre bebê, lavado, hastes removidas
- 1 tomate maduro grande, cortado em pedaços de ¼ de polegada
- 1 cebola roxa média, cortada em fatias finas

Instruções:

Faça o vinagrete de frutas cítricas: Misture o azeite, o vinagre balsâmico, as raspas de limão e o sal em uma tigela até misturar bem.

Faça a salada: Coloque o espinafre, o tomate e as cebolas em uma saladeira separada. Recheie o vinagrete de frutas cítricas sobre a salada e mexa delicadamente até que os vegetais estejam bem revestidos.

Nutrição (para 100g): 173 Calorias 14,2g Gordura 4,2g Carboidratos 4,1g Proteína 699mg Sódio

Salada Simples de Aipo e Laranja

Tempo de preparação: 15 minutos

Tempo de cozimento : 0 minutos

Porções: 6

Nível de dificuldade: fácil

Ingredientes:

- Salada:
- 3 talos de aipo, incluindo folhas, cortados diagonalmente em fatias de ½ polegada
- ½ xícara de azeitonas verdes
- ¼ xícara de cebola roxa fatiada
- 2 laranjas grandes descascadas, cortadas em rodelas
- Curativo:
- 1 colher de sopa de azeite de oliva extra-virgem
- 1 colher de sopa de limão ou suco de laranja
- 1 colher de sopa de salmoura de oliva
- ¼ colher de chá kosher ou sal marinho
- ¼ colher de chá de pimenta-do-reino moída na hora

Instruções:

Faça a salada: coloque os talos de aipo, azeitonas verdes, cebola e laranjas em uma tigela rasa. Misture bem e reserve.

Faça o molho: mexa bem o azeite, o suco de limão, a salmoura, o sal e a pimenta.

Encha o molho na tigela de salada e mexa levemente até revestir completamente.

Sirva gelado ou à temperatura ambiente.

Nutrição (para 100g): 24 Calorias 1,2g Gordura 1,2g Carboidratos 1,1g Proteína 813mg Sódio

Rolinhos De Berinjela Frita

Tempo de preparação: 20 minutos

Tempo de cozimento : 10 minutos

Porções: 6

Nível de dificuldade: médio

Ingredientes:

- 2 berinjelas grandes
- 1 colher de chá de sal
- 1 xícara de queijo ricota ralado
- 4 onças (113 g) de queijo de cabra, ralado
- ¼ xícara de manjericão fresco picado
- ½ colher de chá de pimenta-do-reino moída na hora
- Spray de azeite

Instruções:

Adicione as fatias de berinjela a uma peneira e tempere com sal. Reserve por 15 a 20 minutos.

Misture a ricota e o queijo de cabra, o manjericão e a pimenta-do-reino em uma tigela grande e misture bem. Deixou de lado. Seque as fatias de berinjela com toalhas de papel e borrife levemente com azeite de oliva.

Aqueça uma frigideira grande em fogo médio e borrife levemente com azeite de oliva. Arrume as rodelas de berinjela na frigideira e frite de cada lado por 3 minutos até dourar.

Retire do fogo para um prato forrado com papel toalha e descanse por 5 minutos. Faça os rolinhos de berinjela: coloque as fatias de berinjela em uma superfície plana e cubra cada fatia com uma colher de sopa da mistura de queijo preparada. Enrole-os e sirva imediatamente.

Nutrição (para 100g): 254 calorias 14,9g de gordura 7,1g de carboidratos 15,3g de proteína 612mg de sódio

Tigela de Legumes Assados e Arroz Integral

Tempo de preparação: 15 minutos

Tempo de cozimento : 20 minutos

Porções: 4

Nível de dificuldade: médio

Ingredientes:

- 2 xícaras de florzinhas de couve-flor
- 2 xícaras de brócolis
- 1 (15 onças / 425-g) lata de grão de bico
- 1 xícara de fatias de cenoura (cerca de 1 polegada de espessura)
- 2 a 3 colheres de sopa de azeite virgem extra, dividido
- Sal e pimenta-do-reino a gosto
- Spray de cozinha antiaderente
- 2 xícaras de arroz integral cozido
- 3 colheres de sopa de sementes de gergelim
- Curativo:
- 3 a 4 colheres de sopa de tahine
- 2 colheres de sopa de mel
- 1 limão, suco
- 1 dente de alho picado
- Sal e pimenta-do-reino a gosto

Instruções:

Prepare o forno a 400ºF (205ºC). Borrife duas assadeiras com spray de cozinha antiaderente.

Espalhe a couve-flor e os brócolis na primeira assadeira e na segunda com o grão de bico e as rodelas de cenoura.

Regue cada folha com metade do azeite e polvilhe com sal e pimenta. Misture bem para revestir.

Asse o grão de bico e as rodelas de cenoura no forno pré-aquecido por 10 minutos, deixando as cenouras macias, mas crocantes, e a couve-flor e os brócolis por 20 minutos até ficarem macios. Mexa uma vez na metade do tempo de cozimento.

Enquanto isso, faça o molho: misture o tahine, o mel, o suco de limão, o alho, o sal e a pimenta em uma tigela pequena.

Divida o arroz integral cozido em quatro tigelas. Cubra cada tigela uniformemente com legumes assados e molho. Polvilhe as sementes de gergelim por cima para enfeitar antes de servir.

Nutrição (para 100g): 453 Calorias 17,8g Gordura 11,2g Carboidratos 12,1g Proteína 793mg Sódio

Hash de couve-flor com cenouras

Tempo de preparação: 10 minutos

Tempo de cozimento : 10 minutos

Porções: 4

Nível de dificuldade: fácil

Ingredientes:

- 3 colheres de sopa de azeite virgem extra
- 1 cebola grande, picada
- 1 colher de sopa de alho picado
- 2 xícaras de cenouras em cubos
- 4 xícaras de florzinhas de couve-flor
- ½ colher de chá de cominho moído
- 1 colher de chá de sal

Instruções:

Cozinhe o azeite em fogo médio. Junte a cebola e o alho e refogue por 1 minuto. Junte as cenouras e frite por 3 minutos. Adicione os floretes da couve-flor, o cominho e o sal e misture bem.

Tampe e cozinhe por 3 minutos até dourar levemente. Mexa bem e cozinhe, descoberto, por 3 a 4 minutos, até ficar macio. Retire do fogo e sirva quente.

Nutrição (para 100g): 158 Calorias 10,8g Gordura 5,1g Carboidratos 3,1g Proteína 813mg Sódio

Cubos de Abobrinha com Garlicky com Menta

Tempo de preparação: 5 minutos

Tempo de cozimento : 10 minutos

Porções: 4

Nível de dificuldade: fácil

Ingredientes:

- 3 abobrinhas verdes grandes
- 3 colheres de sopa de azeite virgem extra
- 1 cebola grande, picada
- 3 dentes de alho picados
- 1 colher de chá de sal
- 1 colher de chá de hortelã seca

Instruções:

Cozinhe o azeite em uma frigideira grande em fogo médio.

Junte a cebola e o alho e refogue por 3 minutos, mexendo sempre, ou até ficar macio.

Junte os cubos de abobrinha e o sal e cozinhe por 5 minutos ou até que a abobrinha esteja dourada e macia.

Adicione a hortelã à frigideira e misture bem, depois continue cozinhando por 2 minutos. Sirva quente.

Nutrição (para 100g): 146 Calorias 10,6g Gordura 3g Carboidratos 4,2g Proteína 789mg Sódio

Tigela de Abobrinha e Alcachofra com Faro

Tempo de preparação: 15 minutos

Tempo de cozimento : 10 minutos

Porções: 6

Nível de dificuldade: fácil

Ingredientes:

- 1/3 xícara de azeite de oliva extra-virgem
- 1/3 xícara de cebola roxa picada
- ½ xícara de pimentão vermelho picado
- 2 dentes de alho picados
- 1 xícara de abobrinha, cortada em fatias de ½ polegada de espessura
- ½ xícara de alcachofras picadas grosseiramente
- ½ xícara de grão de bico enlatado, escorrido e enxaguado
- 3 xícaras de faro cozido
- Sal e pimenta-do-reino a gosto
- ½ xícara de queijo feta esfarelado, para servir (opcional)
- ¼ xícara de azeitonas fatiadas, para servir (opcional)
- 2 colheres de sopa de manjericão fresco, chiffonade, para servir (opcional)

- 3 colheres de sopa de vinagre balsâmico, para servir (opcional)

Instruções:

Aqueça o azeite em uma frigideira grande em fogo médio até que comece a brilhar. Misture a cebola, o pimentão e o alho e refogue por 5 minutos, mexendo ocasionalmente, até ficar macio.

Junte as fatias de abobrinha, as alcachofras e o grão-de-bico e refogue por cerca de 5 minutos até ficar macio. Adicione o faro cozido e misture bem até ficar bem aquecido. Polvilhe o sal e a pimenta a gosto.

Divida a mistura em tigelas. Cubra cada tigela com queijo feta, fatias de azeitona e manjericão e polvilhe com vinagre balsâmico, se desejar.

Nutrição (para 100g): 366 Calorias 19,9g Gordura 9g Carboidratos 9,3g Proteína 819mg Sódio

Bolinhos de abobrinha com 5 ingredientes

Tempo de preparação: 15 minutos

Tempo de cozimento : 5 minutos

Porções: 14

Nível de dificuldade: médio

Ingredientes:

- 4 xícaras de abobrinha ralada
- Sal a gosto
- 2 ovos grandes, ligeiramente batidos
- 1/3 xícara de cebolinha fatiada
- 2/3 de farinha multiuso
- 1/8 colher de chá de pimenta preta
- 2 colheres de sopa de azeite

Instruções:

Coloque a abobrinha ralada em uma peneira e tempere levemente com sal. Deixe descansar por 10 minutos. Retire o máximo de líquido possível da abobrinha ralada.

Despeje a abobrinha ralada em uma tigela. Junte os ovos batidos, a cebolinha, a farinha, o sal e a pimenta e mexa até que tudo esteja bem misturado.

Aqueça o azeite em uma frigideira grande em fogo médio até ficar bem quente.

Deite 3 colheres de sopa da mistura de abobrinha na frigideira quente para fazer cada bolinho, prenda-os levemente em rodelas e espaçando-as cerca de 5 centímetros.

Cozinhe por 2 a 3 minutos. Vire os bolinhos de abobrinha e cozinhe por mais 2 minutos ou até que estejam dourados e cozidos.

Retire do fogo e coloque em um prato forrado com toalhas de papel. Repita com a mistura de abobrinha restante. Servir quente.

Nutrição (para 100g): 113 Calorias 6,1g Gordura 9g Carboidratos 4g Proteína 793mg Sódio

Lightning Source UK Ltd.
Milton Keynes UK
UKHW020729010721
386461UK00012B/772